Benjamin Renner

Ein Baby auf Abwegen

Übersetzung aus dem Französischen von Lilian Pithan

avant-verlag

Diese Geschichte ist Pauline und ihrer Familie gewidmet.

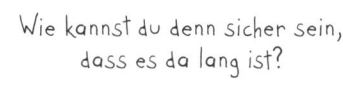

Findest du nicht, dass sein Schnabel wie ne verschrumpelte Karotte aussieht?

SPRRZT

Findest du nicht, dass seine Ohren wie alte Socken aussehen?

SPRRRT

Hey, warte auf uns!

Also gehen wir in die Richtung?

Ja.

Sicher! Er hat gesagt, sie können's kaum erwarten, uns behilflich zu sein ...

TSCHAK!

Pffff ... gerettet ...

"Und wohin fährt der?"

"Ist doch egal, schlimmer kann's nicht werden ..."

Metzgerei BLUTWURST

Da ein paar hübsche Piepmätze ...

Hier ein hübscher Schweinekopf, der blutig auf einer Feder wippt ...

Na schön ...

"NEIN, NEIN UND NOCHMALS NEIN!!!
WIR FINDEN KEIN ANDERES
BABY UNTERWEGS!!"

Bis dahin können wir ja in der Richtung suchen ...

Bist du dir sicher, dass er weiß, was er tut?

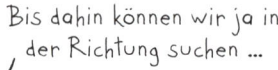

He, Sie da!
Ja, Sie da vorne!

Ja klar! Der ist doch nicht dumm. Er weiß, an wen er sich wenden kann.

Man könnt fast meinen, du vertraust uns nicht ...

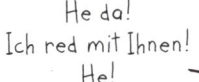

He da!
Ich red mit Ihnen!
He!

Regel Nr. 2: Nicht den Stier mit der Kuh verwechseln ...

ninja   ninja   ninja

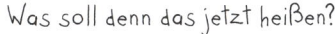

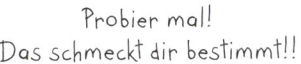

Ein bisschen kränkt es mich schon, dass du an der Effizienz unserer Methoden zweifelst. Aber ich versteh, dass du dir Sorgen um das Baby machst ...

HHH... NEIN!
Hhhh... so war hhh...
das ... Hhhh... nicht hhh...
gemeint!!

Weiß ich doch, dass du das nicht so gemeint hast.
Du wolltest mich ja nicht kränken!!
Du willst nur sichergehen, dass sich
das Baby nicht wehtut!

Ga?

NEIN HHH!!!
NEIN HHH!!!

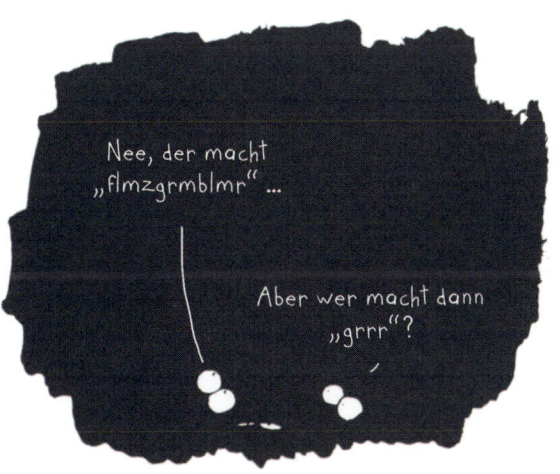

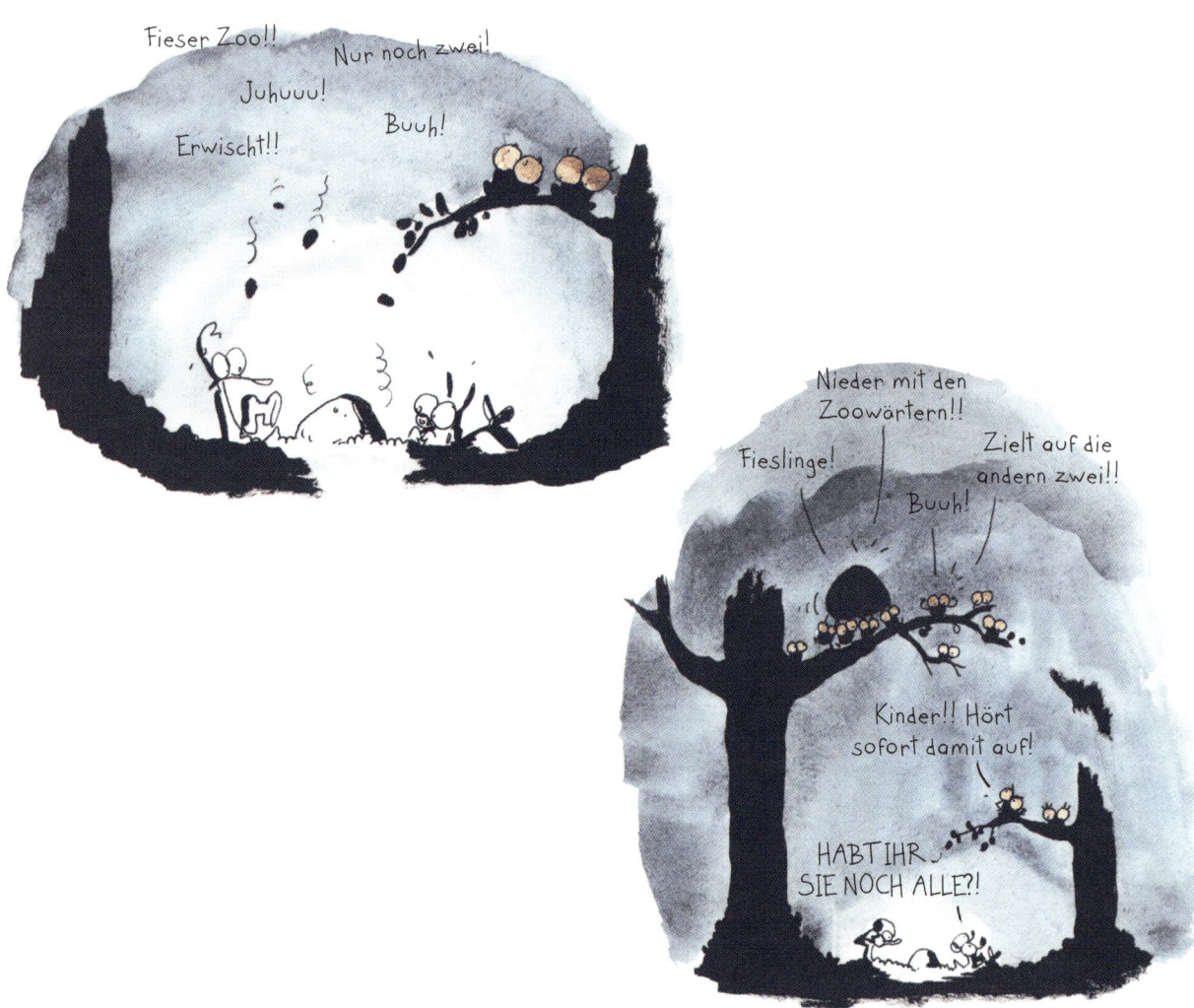

Dann mach ich mal
das Licht aus ...

KLICK

Das reicht aber immer noch nicht.

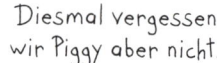

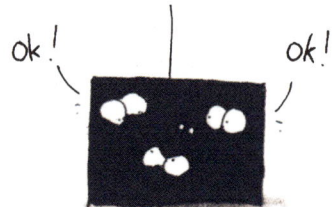

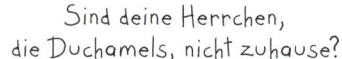

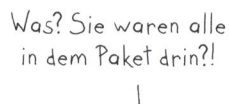

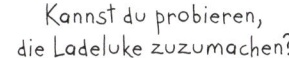

"Zurück zu unserem Sonderberichterstatter in Avignon ..."

"Jetzt reden sie wieder von ihnen!"

"Ja! Hier herrscht allgemeine Aufregung!"

"Die als Schwein, Ente und Kaninchen verkleideten Terroristen sind mit dem Fallschirm über Avignon abgesprungen!"

"Zur allgemeinen Bestürzung mussten wir feststellen, dass sie ein Baby als Geisel genommen haben!"

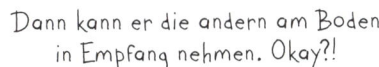

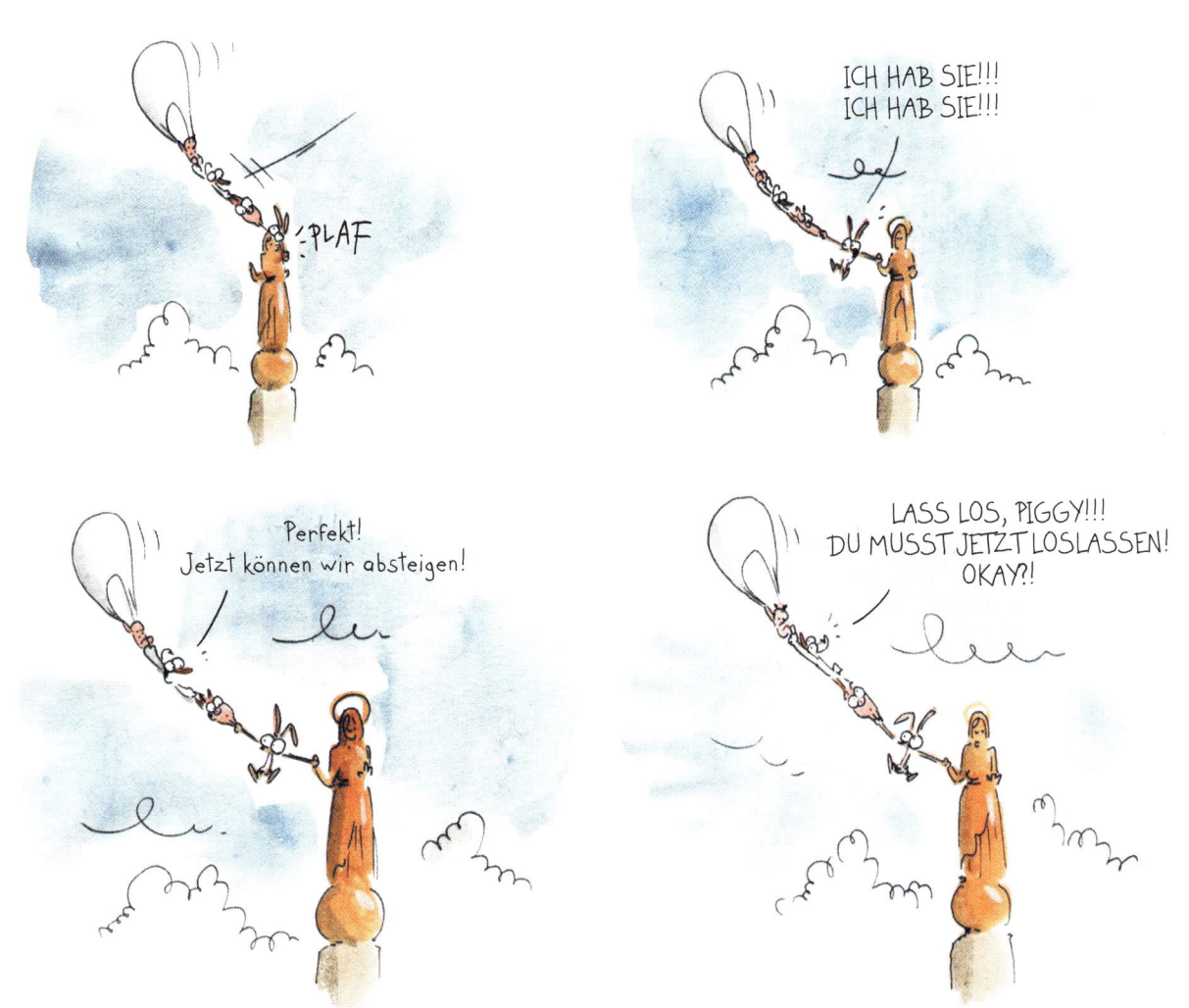

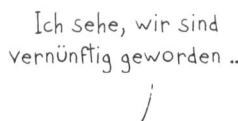

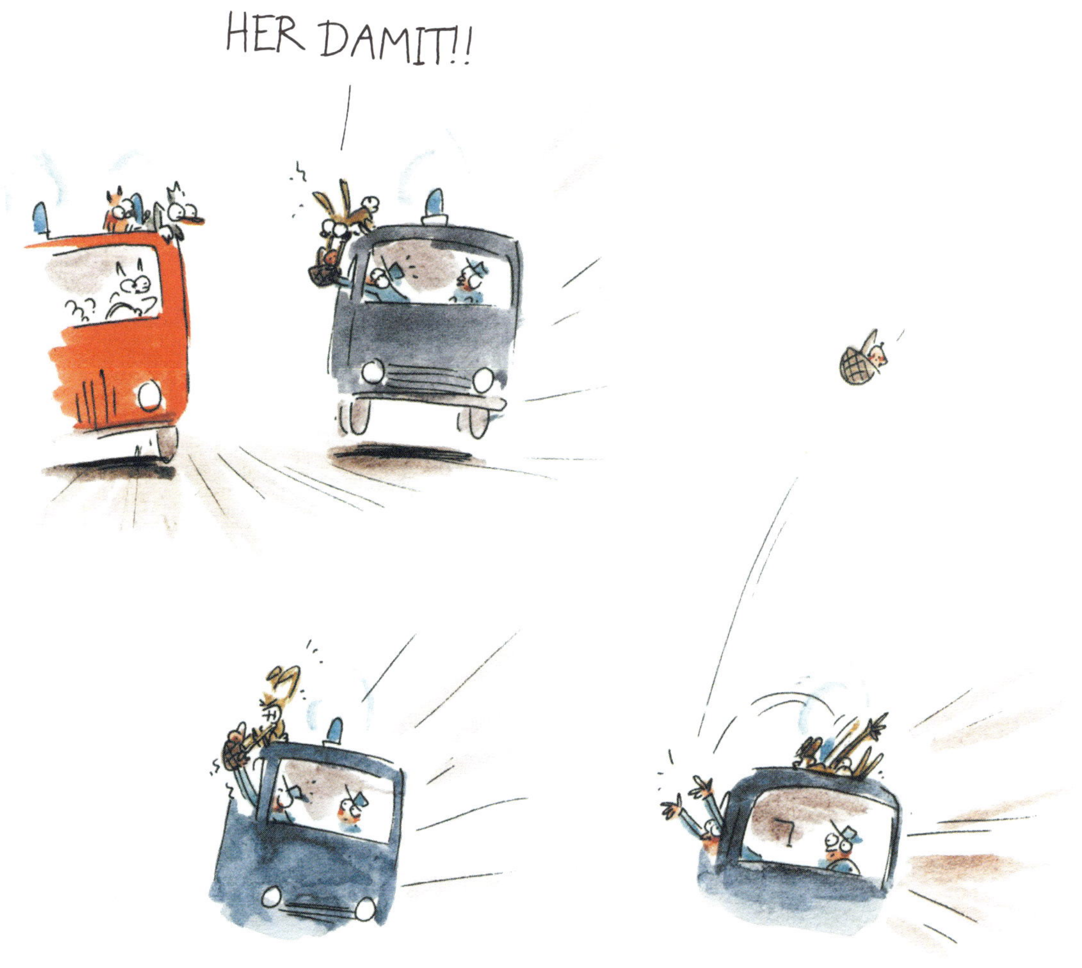
HER DAMIT!!

So machten sich unsere drei
Kameraden und ihre Freunde,
die Koboldmakis,
auf den Rückweg ...

Unterwegs halfen sie den
Koboldmakis bei der Heimreise.

Das Kaninchen und die Ente entwickelten einige Vorrichtungen, um sich möglichst schnell nachhause zu befördern.

Doch schließlich kehrten sie gemächlich per pedes heim ...

Ja, stellen Sie sich vor ...
ich hab es selbst getestet ...

Ebenfalls von Benjamin Renner im avant-verlag erschienen:

Der grosse böse Fuchs
ISBN: 978-3-945034-70-5
192 Seiten, Softcover, vierfarbig
25,00 Euro

Ein Baby auf Abwegen
Text und Zeichnungen: Benjamin Renner
Übersetzung aus dem Französischen: Lilian Pithan

ISBN: 978-3-96445-053-1

Originally published in French under the following title:
Un bébé à livrer by Benjamin Renner
© Éditions Delcourt, 2018
© für die deutsche Ausgabe, avant-verlag GmbH, 2021

Lektorat: Johann Ulrich
Lettering und Herstellung: Tinet Elmgren
Herausgeber: Johann Ulrich

avant-verlag GmbH | Weichselplatz 3–4 | 12045 Berlin
info@avant-verlag.de

Mehr Informationen und kostenlose Leseproben finden Sie online:
www.avant-verlag.de
facebook.com/avant-verlag